Zur Erinnerung an
deine Erstkommunion

# Dieses Buch gehört

Irmgard Partmann

# Gottes Segen
## ist weit

### Erinnerungsalbum

Butzon & Bercker

# Liebes Kommunionkind!

Die meisten Tage in unserem Leben sind nicht besonders aufregend. Aber es gibt Tage, die sind so außergewöhnlich, dass wir ein Leben lang an sie denken. Ein solcher Tag ist der deiner Erstkommunion. Lange hast du dich auf diesen Tag vorbereitet. Endlich ist er da. Jesus lädt dich ein, an seinem Mahl teilzunehmen und von seinem Brot zu essen.
Kommunion heißt: Verbindung feiern mit Jesus Christus und mit allen, die zu ihm gehören. Gott will sich mit uns Menschen verbinden.

Ein Zeichen der Verbundenheit Gottes mit uns ist auch der Regenbogen. Er ist wie eine Brücke zwischen Himmel und Erde. Er erinnert uns an Gottes Freundschaft mit uns Menschen. Ich wünsche dir, dass du diese Freundschaft dein Leben lang spürst.

*Irmgard Partmann*

**Schön ist alles, was Himmel und Erde verbindet.**

# Das bin ich

Mein Name ist _____

Ich wurde am _____ in _____ geboren.

Ich wohne in _____

Meine Hobbys sind: _____

_____

_____

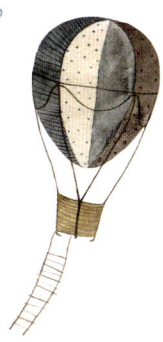

*Hier kannst du ein Foto*
*von dir einkleben.*

# Vergiss es nie

DASS DU LEBST, WAR KEINE EIGENE IDEE,
UND DASS DU ATMEST, KEIN ENTSCHLUSS VON DIR.

VERGISS ES NIE: DASS DU LEBST, WAR EINES ANDEREN IDEE,
UND DASS DU ATMEST, SEIN GESCHENK AN DICH!

DU BIST GEWOLLT, KEIN KIND DES ZUFALLS,
KEINE LAUNE DER NATUR!
GANZ EGAL, OB DU DEIN LEBENSLIED IN MOLL SINGST ODER DUR.

DU BIST EIN GEDANKE GOTTES, EIN GENIALER NOCH DAZU.
DU BIST DU, DAS IST DER CLOU, JA DER CLOU, JA DU BIST DU.

VERGISS ES NIE: NIEMAND DENKT
UND FÜHLT UND HANDELT SO WIE DU,
UND NIEMAND LÄCHELT, SO WIE DU'S GRAD TUST!

VERGISS ES NIE: NIEMAND SIEHT DEN HIMMEL
GANZ GENAU WIE DU, UND NIEMAND
HAT JE, WAS DU WEIßT, GEWUSST.

VERGISS ES NIE: DEIN GESICHT HAT NIEMAND SONST
AUF DIESER WELT, UND SOLCHE AUGEN HAST ALLEINE DU.

VERGISS ES NIE: DU BIST REICH, EGAL, OB MIT, OB OHNE GELD!
DENN DU KANNST LEBEN, NIEMAND LEBT SO, WIE DU.

*Jürgen Werth*

# Meine Familie

Meine Eltern heißen _____

Es tut so gut zu wissen, dass man nicht allein ist.
Da ist jemand, der an dich denkt, wenn du in der Schule bist.
Da ist jemand, der sich um dich sorgt, wenn du unterwegs bist.
Da ist jemand, der dich in die Arme nimmt, wenn du nach Hause kommst.
Da ist jemand – und das ist schön!

Meine Geschwister heißen _____

Geschwister kann man sich nicht aussuchen. Geschwister können Quäl-
geister sein. Manchmal gibt es Streit, und das ist völlig normal. Aber ganz
tief innen weiß man, dass man doch fest zusammengehört. Geschwister
können einander Halt und Geborgenheit geben. Sie teilen zwar die Liebe
und Zeit ihrer Eltern, aber sie teilen auch viele Geheimnisse des Lebens.

*Hier kannst du ein Foto
von deiner Familie einkleben.*

DANKE, GOTT, DASS DU MICH LIEBST,
DANKE, DASS DU MIR ELTERN UND GESCHWISTER GIBST!
MAMA UND PAPA, BRUDER UND SCHWESTER SIND FÜR MICH DA.
ICH HAB SIE LIEB, DAS IST DOCH KLAR.

# Gottes Freundschaftsbund mit den Menschen

Vor langer Zeit lebte ein Mann namens Noach. Damals waren die Menschen böse. Noach aber war anders. Da sprach Gott zu Noach: „Baue dir ein großes Schiff aus Kiefernholz. Es soll Arche heißen. Ich will eine große Flut schicken. Alles, was auf der Erde ist, soll sterben, nur du nicht." Gott befahl Noach von jedem Tier auf der Erde ein Paar mit in die Arche zu nehmen. Noach tat alles, was Gott ihm sagte. Schon bald setzte die Flut ein. Es regnete vierzig Tage und vierzig Nächte lang. Nach dieser Zeit erinnerte sich Gott an Noach und die Tiere in der Arche. Der Regen hörte auf und das Wasser ging langsam zurück. Schließlich setzte die Arche auf dem Berg Ararat auf. Noach ließ einen Raben hinaus, dann eine Taube und zum Schluss noch eine Taube. Die Taube brachte ihm im Schnabel ein grünes Blatt von einem Ölbaum. Jetzt wusste Noach, dass die Flut vorüber war, und er schloss die Arche auf. Menschen und Tiere gingen an Land.

Da sprach Gott zu Noach: „Nie wieder soll eine so große Flut über die Erde kommen. Ich werde keinen Menschen mehr vernichten." Damals hat Gott mit den Menschen einen Bund geschlossen. Er sagte: „Immer wenn ihr einen Regenbogen am Himmel seht, sollt ihr euch daran erinnern: Er soll ein Zeichen sein, dass es nicht noch einmal geschehen wird."

*Nach Genesis 6–9*

GOTT SPRACH:
DIESEN BUND SCHLIEẞE ICH MIT EUCH,
IMMER UND EWIG WILL ICH DAZU STEHEN.
DER REGENBOGEN SOLL EIN ZEICHEN
FÜR DIESES VERSPRECHEN SEIN.

*Genesis 9,12f.*

# In Gemeinschaft glauben

Ich wurde am _____ in der Kirche _____

in _____ durch Pfarrer _____

auf den Namen _____ getauft.

Meine Taufpaten sind _____

_____

Mein Namenspatron ist _____

Meinen Namenstag feiere ich am _____

Hier kannst du deinen
Namenspatron malen.
Gibt es ein Symbol oder
einen Gegenstand, mit
dem er (oder sie) dar-
gestellt wird?

GOTT WIRD DIR SEINE ENGEL SCHICKEN,
UM DICH ZU BESCHÜTZEN, WOHIN DU AUCH GEHST.
SIE WERDEN DICH AUF HÄNDEN TRAGEN,
UND DU WIRST DICH NICHT EINMAL AN EINEM STEIN STOßEN!

*Psalm 91,11f.*

# Ein bunter Regenbogen

EIN BUNTER REGENBOGEN
IST ÜBERS LAND GEZOGEN.
DIE SONNE SCHEINT AUFS GRAS,
DAS NOCH VOM REGEN NASS.

EIN BUNTER REGENBOGEN
IST ÜBERS LAND GEZOGEN.
UND ALLE BLEIBEN STEHN,
UM IHN SICH ANZUSEHN.

EIN BUNTER REGENBOGEN
IST ÜBERS LAND GEZOGEN,
DAMIT IHR'S ALLE WISST,
DASS GOTT UNS NICHT VERGISST.

*Text: Rolf Krenzer | Musik: Peter Janssens*
*Aus: Kommt alle und seid froh, 1982 | © Peter Janssens Musikverlag, Telgte/Westfalen*

# Segenswunsch für dich

GOTT GEBE DIR
FÜR JEDEN STURM EINEN REGENBOGEN,
FÜR JEDE TRÄNE EIN LACHEN,
FÜR JEDE SORGE EINE AUSSICHT
UND EINE HILFE IN JEDER SCHWIERIGKEIT.
FÜR JEDES PROBLEM, DAS DAS LEBEN SCHICKT,
EINEN FREUND, ES ZU TEILEN,
FÜR JEDEN SEUFZER EIN SCHÖNES LIED
UND EINE ANTWORT AUF JEDES GEBET.

*Irischer Segensspruch*

GOTT, WIE SCHÖN IST DOCH DIE WELT.
SAG, WIE HAST DU DAS BLOSS GEMACHT,
DASS DER REGEN VOM HIMMEL FÄLLT
UND DIE SONNE AUCH NOCH DABEI LACHT?
WENN DU EINEN BUNTEN BOGEN SPANNST,
DENK ICH: MEIN GOTT, WAS DU ALLES KANNST!

# Wie eine Brücke zwischen Himmel und Erde

Nele sah einen herrlichen Regenbogen, der sich über den Garten wölbte. „Eigentlich müsste ich ihn doch berühren können!", dachte sie und streckte ihre Hände hoch in die Luft. Doch es gelang ihr nicht. „Das ist merkwürdig", überlegte Nele. „Der Regenbogen ist zum Greifen nah und doch unfassbar." Aufgeregt rannte sie zu ihrem Vater. „Papa!", rief sie, „ich muss dir etwas zeigen. Etwas ganz, ganz Schönes." „Nicht schon wieder, ich muss doch arbeiten!", stöhnte Neles Vater. „Die Arbeit kann warten. Aber meine Überraschung nicht!", sagte Nele. Sie zeigte zum Himmel. „Guck mal, ist der Regenbogen nicht wunderschön? Wie eine bunte Brücke zwischen Himmel und Erde." „Ja, wie eine Brücke, die Gott zu uns Menschen baut", nickte Papa. Sie standen noch eine Zeit lang und schauten in den Himmel, dann meinte Nele: „Gott ist ein prima Brückenbauer!"

## Meine Kommuniongruppe

Wir trafen uns immer in _____ um _____ Uhr.

Auf die Erstkommunion vorbereitet haben mich: _____

_____

Dies sind die Kinder, die mit mir in meiner Kommuniongruppe waren:

_____

_____

*Hier können alle Kinder unterschreiben.*

*Hier kannst du ein Gruppenfoto mit allen
Kommunionkindern einkleben.*

ICH HABE EINEN FREUND, DER MIT MIR LACHT
UND DIE TOLLSTEN DINGE MIT MIR MACHT.
LIEBER GOTT, WENN MAN ES BEDENKT,
HAST DU MIR DIESEN FREUND GESCHENKT.

# Das Wunder

Zu einem Priester kam ein Mann, der sich über den Glauben lustig machen wollte, und fragte: „Wie ist es möglich, dass aus Brot und Wein Fleisch und Blut Christi werden?" Der Priester antwortete: „Wenn schon dein Körper die Nahrung, die du zu dir nimmst, in Fleisch und Blut umsetzen, verwandeln kann, warum soll Gott nicht auch das andere vermögen?"

Der Mann gab sich nicht geschlagen: „Wie kann denn in einer so kleinen Hostie der ganze Christus zugegen sein?" Der Priester gab zur Antwort: „Eine Landschaft, die vor dir liegt, ist so groß und dein Auge doch so klein. Und doch ist das Bild der großen Landschaft in deinem Auge. Warum soll es dann nicht möglich sein, dass in der kleinen Brotgestalt der ganze Christus zugegen ist?"

Noch eine dritte Frage stellte der andere: „Wie kann derselbe Christus gleichzeitig in allen euren Kirchen zugegen sein?" Da nahm der Priester einen Spiegel und ließ ihn hineinschauen. Dann warf er den Spiegel zu Boden und sagte: „Auch in jedem einzelnen Stückchen kannst du dein ganzes Bild jetzt gleichzeitig sehen!"

*Nach Peter Eismann*

# Dein besonderer Tag

ENDLICH IST ER DA,
DER TAG DEINER ERSTKOMMUNION.
HEUTE BIST DU DIE HAUPTPERSON.
DER TISCH IST GEDECKT.

DAS WIRD EIN SCHÖNES FEST –
EIN FEST MIT DEINEN GÄSTEN –
EIN FEST MIT JESUS.

DU KANNST IHN NICHT SEHEN.
DOCH DU KANNST IHN SPÜREN:
ER KOMMT ZU DIR IM BROT.

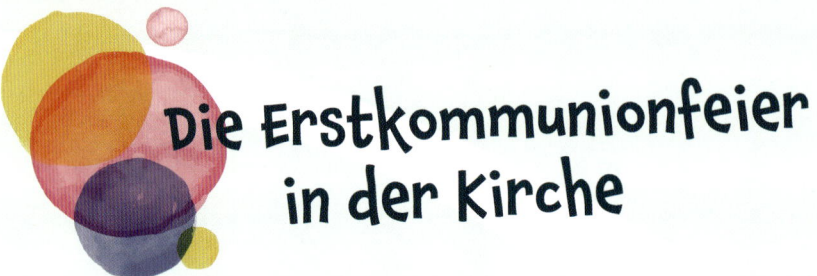

# Die Erstkommunionfeier in der Kirche

Die Feier der Erstkommunion war am _____

um _____ Uhr in der Kirche _____

in _____

Unser Pfarrer hieß _____

Insgesamt waren wir _____ Kommunionkinder.

Das Thema unserer Feier lautete: _____

Besonders schön war _____

_____

LASST DIE KINDER ZU MIR KOMMEN UND HALTET SIE NICHT ZURÜCK,
DENN MENSCHEN WIE IHNEN GEHÖRT GOTTES REICH.

*Lukas 18,16*

*Hier kannst du den Ablauf oder Liederzettel
eures Gottesdienstes einkleben.*

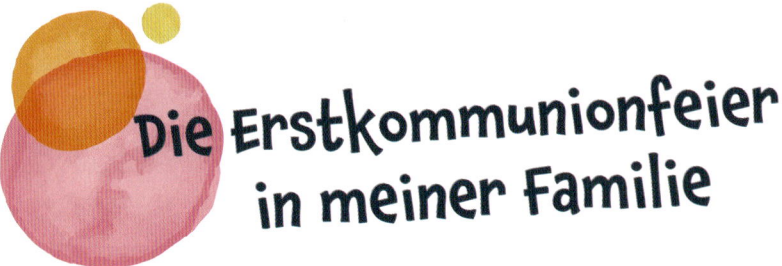

# Die Erstkommunionfeier in meiner Familie

Besonders schön war an diesem Tag _____

_____

_____

_____

_____

*Hier können alle Gäste unterschreiben:*

# Das Festessen

Der Tisch ist festlich gedeckt. Deine Kommunionkerze steht in der Mitte. An diesem Festtag gibt es ein besonderes Essen. Sicher durftest du das Menü mitbestimmen und hast geholfen, die Festtafel herrlich zu schmücken.

*Hier kannst du ein Foto von deiner Festtafel oder die Menükarte einkleben.*

# Tischgebete

HERR, SEGNE UNS UND DIESE GABEN,
DIE WIR VON DEINER GÜTE NUN EMPFANGEN
DURCH CHRISTUS, UNSERN HERRN.

*Überliefert*

WIR HABEN HIER DEN TISCH GEDECKT,
DOCH NICHT MIT UNSREN GABEN,
VOM SCHÖPFER, DER DAS LEBEN WECKT,
KOMMT ALLES, WAS WIR HABEN.

*Überliefert*

ALLE GUTEN GABEN,
ALLES, WAS WIR HABEN,
KOMMT, O GOTT, VON DIR,
WIR DANKEN DIR DAFÜR.

*Überliefert*

# Meine Geschenke

Von den zahlreichen Gästen, von Freunden und Nachbarn habe ich so viele Glückwünsche und Geschenke bekommen. Ich habe mich sehr gefreut, dass so viele Menschen meinen Festtag mit mir gefeiert und an mich gedacht haben.

*Hier kannst du als Erinnerung aufschreiben, was du geschenkt bekommen hast.*

# Herr und Gott, ich danke dir

JESUS, DU BIST JETZT BEI MIR.
HERR UND GOTT, ICH DANKE DIR.
DU BIST CHRISTUS, DER MICH LIEBT.
ES IST SCHÖN, DASS ES DICH GIBT.

BREITE DEINE LIEBE AUS,
UNTER UNS IN DIESEM HAUS.
WEHRE ALLEM HASS UND STREIT!
SCHENKE FRIEDEN WEIT UND BREIT!

BLEIBE BEI UNS, STARKER HERR,
DENN WIR BRAUCHEN DICH SO SEHR!
DEINE WEGE LASS UNS GEHN,
DEINE HERRLICHKEIT EINST SEHN.

 # Meine Paten

Was sie dir am Tag deiner Erstkommunion wünschen: _____

_____

_____

*Hier kannst du ein Foto von dir*
*mit deinen Paten einkleben.*

# Gottes Freundschaft ist wie ein Regenbogen

Rot wie die Liebe – wie Gottes Liebe zu uns Menschen

Orange wie das Feuer – wie eine brennende Flamme, die niemals erlischt

Gelb wie die Sonne – die uns wärmt und uns den Tag erhellt

Grün wie ein Baum – der wächst und von Tag zu Tag stärker wird

Blau wie der Himmel – so groß und so weit wie Gottes Treue zu mir

Indigo wie das Wasser – so tief und rein wie Gottes Freundschaft zu mir

Purpur wie eine Blume – die aufblüht und mein Herz erfreut

# Wir basteln einen bunten Regenbogen

Sicherlich hast du schon einmal einen Regenbogen gesehen. Hast du einen besonders schönen in Erinnerung? Wenn die Sonne scheint und es gleichzeitig regnet, kann man einen bunten Regenbogen entdecken. Schade, dass er nach kurzer Zeit wieder verschwindet. Wie wäre es, wenn du dein eigenes Regenbogenmobile bastelst?

WAS DU DAZU BRAUCHST:
Tonkarton in den Farben:
weiß, gelb und blau
Seidenpapier in den Farben:
rot, orange, gelb, grün, blau und lila
Klebstoff
Faden

## SO WIRD'S GEMACHT:

1. Zeichne die Umrisse von Regenbogen, Wolke und Sonne auf den weißen Karton.
2. Forme kleine Kügelchen aus etwa 2 cm großen Stücken des Seidenpapiers.
3. Bestreiche den äußeren Streifen des Regenbogens mit Klebstoff. Dann klebst du die Papierkügelchen auf. Beginne außen mit den lila Kügelchen. Danach kommt das blaue, grüne, gelbe, orange und rote Feld. Du beklebst nacheinander die einzelnen Felder, bis der Regenbogen ganz bedeckt ist.
4. Drehe den Regenbogen um und wiederhole das Gleiche auf der anderen Seite.
5. Schneide die Wolke aus blauem Tonpapier aus.
6. Schneide die Sonne aus gelbem Tonkarton aus.
7. Befestige die Wolke und die Sonne mit einem Faden unten am Regenbogen.
8. Befestige das Mobile an einem Faden und häng es an einem schönen Platz auf.

*Hier kannst du deine Lieblingsfotos von der Erstkommunion einkleben.*

# Ein farbenfroher Tag

HEUTE IST EIN FARBENFROHER TAG.
DOCH IN UNSEREM LEBEN GIBT ES NICHT NUR HELLE,
SONDERN AUCH DUNKLE TAGE.
HELLE UND DUNKLE TAGE
FORMEN UNS MENSCHEN,
HABEN DEN MENSCHEN AUS DIR GEMACHT,
DER DU HEUTE BIST.
IMMER KANNST DU SICHER SEIN:
GOTT VERLÄSST DICH NICHT.

LIEBER GOTT,
HAB DANK FÜR DAS ZEICHEN DES REGENBOGENS,
DAS MICH IMMER WIEDER AN DICH
UND DEINE FREUNDSCHAFT ERINNERT!

GOTT HAT UNS SEINEN SOHN JESUS CHRISTUS GESCHENKT.

JESUS GIBT UNSEREM LEBEN FARBE,
SO WIE EIN BUNTER REGENBOGEN DEN HIMMEL SCHMÜCKT.

JESUS IST EINE BRÜCKE,
DIE UNS MIT GOTT VERBINDET.

JESUS SCHENKT SICH UNS IM BROT.
DARAN ERINNERT MICH MEINE ERSTKOMMUNION.

# Farbenfrohe Erinnerungen

Der Tag der Erstkommunion geht zu Ende. Farbenfrohe Erinnerungen bleiben. Vergiss nicht, stets daran zu denken, dass du selbst unter Gottes gutem Regenbogen stehst!

*Hier kannst du einen Regenbogen malen. Vielleicht klebst du auch ein Foto von dir dazu.*

Guter Gott, es ist schön,
dass wir auf dieser Erde leben dürfen.
Saat und Ernte, Sommer und Winter,
Tag und Nacht, Sonne und Regen,
all das verdanken wir dir.
Als Zeichen deiner Treue zu uns Menschen
schenkst du uns einen herrlich bunten Regenbogen.

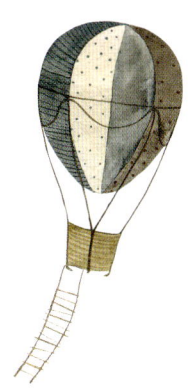

MÖGE DIE FREUDE
ÜBER DIESEN TAG
FÜR IMMER BEI DIR BLEIBEN.

MÖGE DAS GLÜCK,
IN DER FAMILIE GEBORGEN ZU SEIN,
DICH WEITERHIN BEGLEITEN.

MÖGE DIE GEWISSHEIT,
VON HERZEN GELIEBT ZU WERDEN,
DICH NIE VERLASSEN.

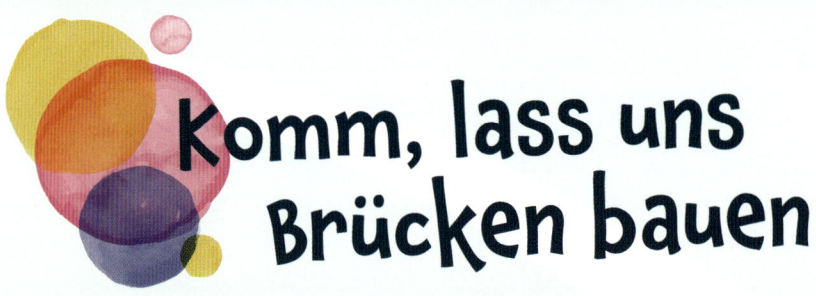

# Komm, lass uns Brücken bauen

ICH ERZÄHL DIR MEINE SORGEN,
DU BIST STILL UND HÖRST MIR ZU.
WENN WIR UNS DANN TREFFEN MORGEN,
BIN ICH STILL, DANN REDEST DU.

GUCK NICHT BÖS UND LACH MAL RICHTIG.
ICH LACH MIT UND FREU MICH SO.
KEINER NIMMT SICH SELBST ZU WICHTIG.
MITEINANDER SIND WIR FROH.

LASS UNS TEILEN, WAS WIR HABEN,
ICH GEB DIR VON MIR EIN STÜCK,
DU GIBST MIR VON DEINEN GABEN
GERNE DANN EIN STÜCK ZURÜCK.

FREMDE LERNEN SICH VERSTEHEN,
HÖREN GERN EINANDER ZU,
UND EH WIR UNS RECHT VERSEHEN,
SIND WIR FREUNDE, ICH UND DU.

KOMM, LASS UNS BRÜCKEN BAUEN,
BRÜCKEN ZWISCHEN DIR UND MIR.
UND WENN WIR EINANDER TRAUEN,
WIRD AUS DIR UND MIR EIN WIR.

*Gisela Baltes*

**Quellennachweise**

*Texte und Lieder:*
*Vergiss es nie (Du bist du)*, Originaltitel: I Got You: Text und Musik: Paul Janz, Dt. Text: Jürgen Werth, © Paragon Music Corp. Adm. D, A, CH: Small Stone Media Germany GmbH, Köln; *Herr und Gott, ich danke dir*, aus: Zeichen der Liebe, © St. Benno-Verlag Leipzig, www.st-benno.de, ISBN 978-3-7462-2234-9; *Komm, lass uns Brücken bauen*, © bei der Autorin
Die Bibelstellen sind der Übersetzung Hoffnung für alle® entnommen, Copyright © 1983, 1996, 2002, 2015 by Biblica, Inc.®. Verwendet mit freundlicher Genehmigung des Herausgebers Fontis.

*Abbildungen:*
Cover, S. 7, 9, 15, 17, 20f., 40f.: © Дарья Артемова (Wolken, Heißluftballon, Boot, Sterne, Girlande); Cover, Vor- u. Nachsatz, 16f., 30f., 40f.: © jessicahyde (Hintergrund); S. 1, 3, 9, 10f., 18f., 22f., 26f., 28, 33, 34f., 37, 39, 40: © rumkugel-chen (Regenbogen, Fische, Fahne, Sonne, Boot, Vogel); S. 2f., 8f., 18f., 28f.: © orhideia (Wellen); S. 4f., 38f.: © メガネ (Bordüre); S. 6, 12, 16, 22, 24, 26, 30f., 32, 38, 42: Marina Zlochin (bunte Kreise); S. 8, 14, 19, 40: © zzorik (Vogel); S. 11, 43: © Afanasia (Fisch); S. 12f., 24f., 42f.: © Gal (Hintergrund); S. 13, 18, 33: © VVadi4ka (Regenbogen); S. 13: © nonohana (Kranz); S. 15, 20f.: © natality (Streifen); S. 23: © Stockgiu (Taube); S. 25: © styleuneed (Fisch); S. 36f.: © Taiga (Bordüre)

**Bibliografische Information der Deutschen Nationalbibliothek**
Die Deutsche Nationalbibliothek verzeichnet diese Publikation in der Deutschen Nationalbibliografie; detaillierte bibliografische Daten sind im Internet über http://dnb.d-nb.de abrufbar.

Das Gesamtprogramm
von Butzon & Bercker
finden Sie im Internet
unter www.bube.de

ISBN 978-3-7666-3515-0

Überarbeitete Neuausgabe 2023

© 2010/2023 Butzon & Bercker GmbH, 47623 Kevelaer, Deutschland, www.bube.de
Alle Rechte vorbehalten.
Umschlaggestaltung: Tanja Manden, Kevelaer,
nach einem Entwurf von Nicole Weidner, Kevelaer
Satz: serfling.media, Leipzig